香港國際詩歌之夜 2017
INTERNATIONAL POETRY NIGHTS IN HONG KONG

編輯 Editors

北島 Bei Dao

柯夏智 Lucas Klein

宋子江 Chris Song

玫瑰變奏曲

努諾．朱迪斯

VARIATION ON ROSES

NUNO JÚDICE

《玫瑰變奏曲》
努諾・朱迪斯 著

封面影像：北島

國際統一書號（ISBN）：978-988-237-040-1

出版：中文大學出版社
香港 新界 沙田・香港中文大學
傳真：+852 2603 7355
電郵：cup@cuhk.edu.hk
網址：www.chineseupress.com

Variation on Roses
By Nuno Júdice

Cover Image: Bei Dao

ISBN: 978-988-237-040-1

Published by The Chinese University Press
The Chinese University of Hong Kong
Sha Tin, N.T., Hong Kong
Fax: +852 2603 7355
E-mail: cup@cuhk.edu.hk
Website: www.chineseupress.com

Printed in Hong Kong

目錄 Contents

努諾・朱迪斯
Nuno Júdice

中文翻譯：姚風

English translation by Paulo da Costa, Ana Hudson, Karen Press, David Swartz, and Richard Zenith

Infância

Foi nesse tempo que ouvi falar do ciclone que
atirou casas abaixo e plantou árvores exóticas
no adro da igreja; que uma noite, enquanto dormia,
o mar se iluminou durante instantes e os galos
cantaram como se fosse dia; que o chefe da estação
passeou de bicicleta em frente da casa da amante,
cujo marido era sacristão e doido; que o padre
tirou as pedras do chão da igreja e só me lembro
de que uma delas cobria o túmulo de uma sancha
martins com cujos ossos ainda brinquei; que
o céu de setembro trazia o outono quando o
chumbo das nuvens baixava e quase lhe podíamos
tocar; que o campo, ao longe, ardia durante a
noite quando os homens não conseguiam dominar
as queimadas; que os sinos tocavam com o ritmo
das horas do relógio, e também quando a porta
da torre estava aberta e íamos puxar a corda;
que as tardes nunca mais acabavam, e nem sequer
se sabia quanto tempo faltava para o fim das
férias; que a minha avó deixava a meio a história

do menino da mata e seu cão piloto, e o mundo
perdia a sua lógica nessas interrupções; que
se comia a fruta apanhada das árvores com o
canivete comprado na feira; que os dois irmãos
se apedrejaram nas ruas enquanto as portas se
fechavam à espera que um deles matasse o
outro; que o gazeado da primeira guerra gritava
«viva a Rússia», e fiz um desenho com ele;
que se matava o porco e era uma festa, logo
de madrugada; que o horizonte era limpo, e tudo
à volta eram campos e campos até ao mar.

童年

就是那時候，我聽說了龍捲風，
它吹倒了房屋，它在教堂的前院
播種下異國的樹木；一天晚上，
我正在熟睡，大海閃耀了剎那，公雞
開始啼叫，彷彿天亮了一樣；站長
騎著自行車從他情人的家前穿過，
她的丈夫是個瘋瘋癲癲的教堂司事；
神父拿掉教堂地面的石板，
用其中的一塊
去遮蓋殉難者的墓穴，我玩耍過
裏面的骨頭；九月的天空帶來秋天，
鉛色的雲低得幾乎可以觸摸；
遠處在燒荒，整夜人們都無法控制火勢；
教會的鐘聲按時敲響，
有時鐘樓的門開著，
我們也會進去把鐘拉響；
下午那麼漫長，誰也不知道
假期甚麼時候結束；
祖母講著森林男孩和狗的故事，
時而停頓下來，世界因此失去了邏輯；

我們從樹上摘果子，用在集市買來刀削著吃；
街上有兩兄弟互相扔石頭，
人們關起門，
直到一個把另一個砸死；
世界大戰中的一個毒氣受害者
高喊「俄羅斯萬歲！」
我為他畫了一幅畫；
一大清早一頭豬被宰殺，
節日由此開始；
地平線一覽無餘，四周都是田野，
一直綿延到海邊。

Childhood

It was back then that I heard about the tornado
which knocked over houses and planted exotic trees
in the churchyard, that one night while I was sleeping
the sea lit up for a few moments and the roosters
crowed as if it were morning, that the station chief
rode his bike past the house of his lover whose
husband was the half-mad sexton, that the priest
lifted up the stones from the church floor and all I
remember is that one of them covered the tomb of a
certain Sancha Martins whose bones I played with, that
each year when the september sky brought autumn the
lead in the clouds sank so low you could almost
touch it, that the countryside in the distance burned
all night whenever the fires to clear land got out
of hand, that the church bells rang to the rhythm
of the clock and also when the door of the tower
was left open and we went in and pulled the rope,
that the afternoons never ended and we didn't even
know how much longer until vacation ended, that
my grandmother would stop in the middle of the tale

about the boy who got lost in the woods, and the world
lost its logic in these interruptions, that we would
eat fruit cut from the trees with a jackknife
we bought at the open-air market, that the two brothers
hurled stones at each other in the street as people shut
their doors fully expecting one of them to kill the
other, that the world war one gas victim used to shout
"long live Russia" and I put him into a drawing,
that when a pig was killed the feasting began early
in the morning, that nothing marred the horizon and all
around there were fields and fields as far as the sea.

(Translated by Richard Zenith)

Zoologia: O Melro

Na gaiola, o melro não tem o bico mais amarelo
do que fora dela. Encolhe-se a um canto,
coitado e parece envergonhado;
– embora esteja ali por culpa de quem lá o meteu
sabendo que um melro não cai do céu.
Há pássaros assim, que qualquer um
mete numa gaiola, apesar do bico ser amarelo.
Não cantam. Não voam. Não falam.
São pássaros cegos
com a mudez dos oráculos e mudos
com a lucidez dos profetas.
Perfeitamente por acaso, abri-lhe
a gaiola. E ele deixou-se estar, sem sair
nem entrar.

動物學：烏鶇

在籠子裏，烏鶇的尖喙不比在籠子外時
更黃。牠蜷縮在角落，
儘管是某個人的過錯牠才被關進了籠子，
可憐的牠，看上去還是很膽怯，
誰都知道一隻烏鶇不會從天空掉進籠子。
有些鳥就是這樣，其中一隻
被關進了籠子，
儘管牠的尖喙還是黃生生的。
牠們不唱。不飛。不叫。
牠們是盲鳥
有著智者的沉默
沉默如清醒的先知。
由於偶然，我打開了籠子，
只見那隻鳥蹲在原處，
一動不動。

Zoology: The Blackbird

Inside the cage, the blackbird has no yellower a beak
than outside. The bird shrinks into a corner,
poor thing, and seems shy,
although it is the fault of who placed it there
knowing a blackbird does not fall from the sky.
There are birds like that, birds people
place in a cage, despite their yellow beak.
They do not sing. Do not fly. Do not speak.
They are birds gone blind
from the silence of oracles and dumb
from the lucidity of prophets.
Completely by chance, I opened
the cage. And the bird just sat there, not going in
not going out.

(Translated by Paulo da Costa)

Lute de Classes

Nem todos os que construíram as catedrais viram
o mesmo. Uns, ergueram torres e pináculos, à luz do sol,
e chegaram ao céu; outros, metidos nas criptas,
pintaram infernos à luz de velas, deixando no chão
o lugar para os mais anónimos dos mortos. Os
que chegaram ao cimo, receberam o olhar divino e
viram o júbilo das madrugadas primaveris; os
que ficaram no fundo, arrancando à humidade das paredes
o gesto alucinado dos demónios, trocaram
obscenidades e doenças. No entanto, a catedral
é única; e quem a visita, apreciando a totalidade que, dizem,
nasceu de uma visão do absoluto, não pensa
em pormenores. Que importa os que trabalharam
na sombra, perdendo a luz dos olhos com o minucioso
desenho arrancado à treva, se o que hoje se vê
é esse contorno em que a pedra trabalha o céu? Assim,
conclui-se, é da desigualdade que nasce
a harmonia; e é a desordem humana que faz brotar,
do nada, tudo o que admiramos.

階級鬥爭

每個建造大教堂的人所看到的
並非都一樣。有的人在陽光下築起塔樓和塔尖，
抵達了天庭，有的人卻被推進地窖，
在燭光下描畫地獄，為那些最寂寂無名的死者
預留位置。那些抵達天庭的人，
接收到神聖目光的注視，
並見證了春日黎明的喜慶；那些
留在地窖的人，從潮濕的牆上
摳出魔鬼迷狂的手勢，沾染了淫行與疾病。
然而，大教堂是獨一無二的，參觀它的人，
都讚賞它的整體性，說它出自一個絕對的視界，
從而忽略了建造的細節。如果今天人們看到的正是
石頭在天空鑿出的輪廓，誰又會在乎那些
在地下的黑暗中勞役的人？他們的眼睛，
因聚精會神地描畫
自黑暗中凸顯的圖畫而失去了光芒，
由此得出結論，是不平等催生了和諧，
是人類的混亂使我們
所讚歎的一切奇跡，從虛無中誕生。

Class Struggle

Not everyone who built the cathedrals witnessed
the same. Some, by sunlight, erected towers and pinnacles
and attained heaven, others, inside crypts,
painted hells by candlelight, leaving room on the ground
for the most anonymous of the dead. Those
who reached the top, received the divine gaze and
witnessed the triumph of spring dawn, those
who stayed at the bottom, extracting the hallucinated
gestures of demons from damp walls, exchanged
obscenities and disease. And yet, the cathedral
is unique, and those who visit, appreciating the entirety
  that, they say,
was born of a perfect vision, do not think
in details. Who cares about the people who laboured
in the shadow, losing their eyes' glimmer in the meticulous
drawing extracted from darkness, if what is seen today
is that outline where stone chisels sky? Thus,
we conclude, it is from inequality that harmony
is born, and it is human chaos that,
from the void, brings forth everything we admire.

(Translated by Paulo da Costa)

O Inventor de Histórias

Nesta cidade havia uma floresta; nesta casa, uma
clareira; e nessa clareira um homem morreu, a olhar
o fogo. Nessa noite, não se via o céu
por entre os ramos; mas todos os ruídos da noite
interrompiam
o pensamento do homem, e o crepitar da lenha
iluminava-lhe o rosto, enquanto morria.

Nesse tempo, em que não havia a cidade nem a casa, e
apenas a floresta se estendia para além de rios e montes,
de vales e montanhas, de rebanhos e manadas, um homem
olhava o fogo, e morria. Na sua cabeça, porém, tinham-se
formado histórias que atravessaram os tempos
até chegarem ao quarto que já foi uma clareira,
numa cidade sem árvores nem pássaros.

O que o homem lembra, em frente do fogo, tem o brilho
da chama que se vai tornar cinza, no fim da noite; e o mesmo
vento que varre as folhas do outono e as cinzas
da fogueira já não levará as palavras do homem que a
madrugada

não acordou. Mas as histórias que inventou soltaram-se dele; e correram o mundo e os tempos, enquanto outros homens abateram florestas, construíram cidades, inventaram outras histórias.

O homem não soube o que aconteceu a esta história. Mas inventou-a para que, um dia, um outro a pudesse contar.

編故事的人

這個城市有一片樹林，這所房子前有一塊空地；
空地上有一個人凝視著
火光而死去。那天晚上，看不見
樹枝間的天空；不過，夜間的一切嘈雜聲
打斷了他的思路，噼啪作響的柴火
照亮了他的臉，他正在死去。

那個時候沒有城市，也沒有房子，
只有河流、丘陵、山谷、群山、羊群和牛群，
只有森林在遠處延伸，
一個男人凝視著火光死去。
然而，一個個故事在他的腦海裏
穿越時間，抵達了林間的空地，
抵達了這個已失去樹木和鳥兒的城市。

這個男人只記得，夜晚臨近，
篝火邊，火星化為灰燼；
同樣的風，吹掃著秋葉和篝火的灰燼
卻沒有把他的話語吹走，
黎明沒有把他喚醒，

然而，他編的故事已離他而去，
代代相傳，傳遍了世界，而其他人砍伐森林，
建造城市，編寫了另外的故事。

這個人不知道他編的故事後來怎麼了。然而
他編寫了它，為了有一天有人可以講述它。

The Storymaker

In this city there was a forest, in this house, a
clearing, and in that clearing a man died, gazing at
fire. That night, the sky was not visible
between the branches, yet every nocturnal sound interrupted
the man's thought, and as he died,
the crackling firewood illuminated his face.

In that time, when there was no city nor house, and
only the forest stretched beyond rivers and hills,
valleys and mountains, flocks and herds, a man
gazed at fire, and died. In his head, though,
stories had settled over time
until they arrived at the room that had been a clearing,
in a city with no trees nor birds.

What the man remembers, by the fire, at the night's end,
holds the radiance of a flame that will turn to ash, and the same
wind that sweeps the autumn leaves and the ashes
from the fire will not carry the words of the man dawn

did not awake. Yet the stories he invented broke away from him and circled the world and the centuries, while other men razed forests, erected cities,
invented other stories.

The man never knew what happened to this story. Yet he created it so that, one day, another could tell it.

(Translated by Paulo da Costa)

As Aves

Afluem às margens, jogam
como se a água lhes pertencesse,
pousam no meio dos arbustos
como se tivessem todo o tempo! No
entanto, sabem que as nuvens
vão encher o céu; e que o norte
irá enviar o vento frio que as
há-de arrastar para sul, deixando
atrás de si o silêncio
nos campos. Mas pouco lhes importa
isso, quando se juntam, e
cantam a efemeridade do
instante.

鳥

牠們漂向水邊戲水，
好像水也屬於牠們，牠們
在灌木上棲息，
好像牠們主宰著時間！
儘管牠們知道
雲會飛滿天空，寒冷的
北風也會吹來，
令牠們南遷，留下
一片沉寂的田野，
但牠們毫不在乎，並
齊聲歌唱
須臾的
瞬間。

The Birds

They flow to shores, play
as if water belonged to them,
they rest in the bushes
as if they had all the time! Although
they know clouds
will fill the sky and the north
will send the chilled wind that
will drag them south, leaving
silence behind
in the fields. They care little about
that, as they gather and
sing the ephemeral
moment.

(Translated by Paulo da Costa)

Chuva, Cordas, Versos Como Roupa a Secar

Agora que chove, numa inesperada
manhã de inverno em plena primavera,
e as cordas de água são como as
cordas do alaúde, tocando uma queixa
fúnebre, apanho os versos da corda
para que se não molhem. Estendo-os,
então, na página, e vejo as gotas
de água escorrerem, como lágrimas,
para o chão da alma. São assim
os dias de chuva na primavera: bons
para encharcarem a poesia; e
cheios dessa música antiga, que
ninguém quer, repetindo os velhos
tédios de poemas de outro tempo.

雨，線，曬衣服那樣的詩句

此時下雨了，在一個意想不到的
冬春的早晨，
雨線如豎琴
彈奏著葬禮合用的怨曲，
我自雨線採集詩句，
擔心它們都濕透了。
我把它們寫在紙上，看見水珠
像眼淚那樣
滴落在靈魂的地面。
春季，雨天就是這樣：
有充盈之水
滋潤詩歌，並溢滿古老的音樂，
沒人願意聽這樣的音樂，
它重複著昔日詩歌的無聊主題。

Rain, Strings, Poems Like Laundry on a Line

Now that it is raining, one unexpected
winter morning in full spring,
and the strings of water are like
the strings of the lute, playing a mournful
lament, I gather the poems from the line
so they don't get wet. Then I spread
them on the page and see the drops
of water stream, tearlike,
to the bottom of being. The rainy
days of spring are like this: good
to drench poetry, and
filled with ancient music that
no one wants, repeating old monotonies
of poems from another time.

(Translated by Paulo da Costa)

Um Diálogo Secreto

Dir-me-ás: que a noite é estar contigo,
que nenhuma rosa amadurece fora de tempo,
que a mais estranha das campas
é a que exala os suspiros do amor,
à noite, quando pousamos os ouvidos na terra.

Mas nessa tarde em que me deitei contigo
sobre a relva, e só os pássaros batiam as asas
contra os ramos que nos escondiam do sol,
não pensei nesses corpos que, por uma vez,
se aquietavam por baixo de nós.

Mesmo que ali não tivessem estado,
os rios subterrâneos teriam levado o eco
das nossas respirações; e algures, alguém
ouviu as palavras que trocámos, sob as árvores,
antes que a noite caísse sobre a nossa ausência.

秘密交談

你告訴我：黑夜就是和你在一起；
玫瑰不會脫離時間綻放；
夜晚，我們把耳朵貼近大地，
聽到最怪異的墳墓
發出愛的歎息。

然而那個下午，我和你躺在
在草地上，只有鳥兒在我們
遮陽的樹枝間拍打翅膀，
我從未想過，我們身下的那些軀體，
是否死而瞑目。

即使他們已不在那裏，地下河也會
把我們呼吸的回聲帶到那裏；
會有人聽見我們在樹下的交談，
在夜幕陪伴我們
離開之前。

A Secret Dialogue

You will tell me: that night is to be with you,
that no rose ripens untimely,
that the strangest of graves
is the grave exhaling the sighs of love,
at night, when we rest our ears on the earth.

Although that afternoon I lay with you
on the grass, and only birds flapped wings
against branches concealing us from the sun,
I did not think, of those bodies, once,
becoming quiet beneath us.

Even if they had not been there,
the subterranean rivers would have carried the echo
of our breathing, and elsewhere, someone
heard the words we exchanged, beneath the trees,
before night fell on our absence.

(Translated by Paulo da Costa)

Imagem

O homem que falava sozinho na estação central de munique
que língua falava? Que língua falam os que se perdem assim, nos
corredores das estações de comboio, à noite, quando já nenhum
quiosque vende jornais nem cafés? O homem de
munique não me pediu nada, nem tinha ar de
quem precisasse de alguma coisa, isto é, tinha aquele ar
de quem chegou ao último estado
que é o de quem não precisa nem de si próprio. No entanto,
falou-me: numa língua sem correspondência com linguagem
alguma de entre as possíveis de exprimirem emoção
ou sentimento, limitando-se a uma sequência de sons cuja lógica
a noite contrariava. Perguntar-me-ia se eu compreendia acaso
a sua língua? Ou queria dizer-me o seu nome e de onde vinha
– àquela hora em que não estava nenhum comboio
nem para chegar nem para partir? Se me dissesse isto,
ter-lhe-ia respondido que também eu não esperava ninguém,
nem me despedia de alguém, naquele canto de uma estação
alemã; mas poderia lembrar-lhe que há encontros que só dependem
do acaso, e que não precisam de uma combinação prévia
para se realizarem. – É então que os horóscopos adquirem sentido;
e a própria vida, para além deles, dá um sentido à solidão que empurra

alguém para uma estação deserta, à hora em que já não se compram jornais nem se tomam cafés, restituindo um resto de alma ao corpo ausente – o suficiente para que se estabeleça um diálogo, embora ambos sejamos a sombra do outro. É que, a certas horas da noite, ninguém pode garantir a sua própria realidade, nem quando outro, como eu próprio, testemunhou toda a solidão do mundo
arrastada num deambular de frases sem sentido numa estação morta.

影像

那個在慕尼黑中央火車站自言自語的人
説的是甚麼語言？已是夜晚，售賣亭已不賣報紙和咖啡，
而那些在車站長廊遊蕩的人
説的是甚麼語言？慕尼黑的那名男子
沒要我做甚麼，甚至沒要我
做任何表情，也就是説，他到了這種境界，
他誰也不需要，也不需要自己。然而，
他卻和我説話了：一種不等同任何一種
可以表達感情和激情的語言，只是一連串的音節，
其邏輯性與黑夜相悖。我自問，我懂他的語言嗎？
或許他想告訴我他叫甚麼名字？來自何方？
——那個時候已沒有火車了嗎？
出發的？到達的？
如果他告訴我這個，我會回答他説，
我在這個德國車站的一隅，
也無人可等待，也無人可以告別，但我會提醒他，
有些相聚純出於偶然，無需事先安排。
——這樣占星術便獲得了意義；至於生活本身，
除了占星術之外，會賦予孤獨以意義，
而孤獨則把一個人推向已不賣報紙和咖啡的
冷寂車站，把剩餘的靈魂還給不在場的身體

——這足以開始一個對話，雖然我們彼此不過是
對方的影子而已。也就是說，在夜晚的某個時間，
誰也不能保證自己的現實，
甚至當一個像我一樣的他人，
在一個死寂的車站見證了
世界上所有的寂寞如何被拖入
毫無意義的詞語之中的時候。

Image

The man who talked to himself in münich's central station
what language did he speak? What language
speak the ones who are lost like that, in
the platform of train stations, at night, when no
kiosk sells newspapers or coffee? The münich
man asked me for nothing, he didn't even look
as if he needed anything, meaning, he looked
like someone who arrived at the last stage
which is the stage of someone who does not
even need oneself. Although, he spoke to me:
in a tongue not resembling any of the languages
capable of expressing emotion
or feeling, limited to a sequence of sounds whose logic
the night contradicted. Might he be asking me
if by chance I understood his language? Or would he
be wanting to tell me his name and where he was from
at such hour when no train was
about to arrive or leave? If he had told me this,
I would have told him that I also waited for no one,
or that I was not saying goodbye to someone,
in that corner of a german station; although

I could remind him that some meetings only depend
on chance, not requiring a previous arrangement
to take place. – Then horoscopes gain meaning;
and life itself, beyond them, lends a meaning
to the solitude that pushes someone toward an empty station,
at an hour when newspapers are not bought
or coffee drunk, restoring a touch of soul to the absent
body – enough to establish a dialogue, although
we are both each other's shadow. Since, at certain hours
of the night, no one can be certain
of one's reality, not even when another,
like myself, witnessed the entire loneliness of the world
dragged through a meandering of senseless sentences in a
dead station.

(Translated by Paulo da Costa)

Receita Para Fazer o Azul

Se quiseres fazer azul,
pega num pedaço de céu e mete-o numa panela grande,
que possas levar ao lume do horizonte;
depois mexe o azul com um resto de vermelho
da madrugada, até que ele se desfaça:
despeja tudo num bacio bem limpo,
para que nada reste das impurezas da tarde.
Por fim, peneira um resto de ouro da areia
do meio dia, até que a cor pegue ao fundo de metal.
Se quiseres, para que as cores se não desprendam
com o tempo, deita no líquido um caroço de pêssego queimado.
Vê-lo-ás desfazer-se, sem deixar sinais de que alguma vez
ali o puseste; e nem o negro da cinza deixará um resto de ocre
na superfície dourada. Podes, então, levantar a cor
até á altura dos olhos, e compara-la com o azul autêntico.
Ambas as cores te parecerão semelhantes, sem que
possas distinguir entre uma e outra.
Assim o fiz – eu, Abraão bem Judá Ibn Haim,
iluminador de Loulé – e deixei a receita a quem quiser,
algum dia, imitar o céu.

藍之配方

如果你想要藍色，
那麼就截取一塊天空，把它放入一個大平底鍋裏，
你可以把鍋放在天際線的篝火上；
然後把天空與晨曦殘留的紅霞一起攪拌，
直至被攪碎：再倒入一個乾淨的盆裏，
為的是不留下下午的雜質。
最後，篩一篩中午的金沙，
直到熬乾水分，顏色濃郁。
如果你希望顏色不因時間而褪色
請把一個燒焦的桃子放進液體。
你要看著它被攪碎，
不能留下你染指的跡象，
也不要讓黑色的灰燼在金色的表面
留下赭色。然後，你可以認真看一看，
並與原色藍進行比較。
你會覺得這兩種藍看起來很相似，
難分彼此。

我就是這樣做的——我，亞伯拉罕・本・猶大・
　　伊本・海姆[1]，
來自羅萊的泥金工匠——我可以把配方給任何
想要仿製藍天的人。

1　譯註：亞伯拉罕・本・猶大・伊本・海姆（Abraão bem Judá Ibn Haim）被視為是用《如何製造顏料》（*O livro de como se fazem as cores*）一書的作者，這是一本十世紀的古書，用居住在葡萄牙的猶太人方言寫成，講述的是如何製作用於泥金裝飾的顏料。詩人寫作動機來自這本書。

Recipe for Making the Colour Blue

If you wish to make the colour blue
take a piece of sky and put it in a pot
large enough to place on the flame of the horizon.
Stir into the blue a pinch of early morning red
until it dissolves. Pour everything
into a brass bowl that has been well washed
to eliminate all the afternoon's impurities.
Finally, sift in a few smidgens of gold from the sand
of midday until the colour adheres to the bottom of the bowl.
To prevent the colours from separating with time,
drop a charred peach pit into the liquid.
It will disintegrate, leaving no telltale
sign, not even – from the black ash – an ochre trace
on the golden surface. You may then raise the colour
to eye level and compare it with genuine blue.
The two colours will look so alike
that you cannot distinguish one from the other.
This was how I did it – I, Abraham ben Judah Ibn Haim,
illuminator from the town of Loulé. And I left the recipe
for whoever, one day, would imitate the sky.

(Translated by Richard Zenith)

Como se Faz o Poema

Para falarmos do meio de obter o poema,
a retórica não serve. Trata-se de uma coisa simples, que não
precisa de requintes nem de fórmulas. Apanha-se
uma flor, por exemplo, mas que não seja dessas flores que
 crescem
no meio do campo, nem das que se vendem nas lojas
ou nos mercados. É uma flor de sílabas, em que as
pétalas são as vogais, e o caule uma consoante. Põe-se
no jarro da estrofe, e deixa-se estar. Para que não morra,
basta um pedaço de primavera na água, que se vai
buscar à imaginação, quando está um dia de chuva,
ou se faz entrar pela janela, quando o ar fresco
da manhã enche o quarto de azul. Então,
a flor confunde-se com o poema, mas ainda não é
o poema. Para que ele nasça, a flor precisa
de encontrar cores mais naturais do que essas
que a natureza lhe deu. Podem ser as cores do teu
rosto – a sua brancura, quando o sol vem ter contigo,
ou o fundo dos teus olhos em que todas as cores
da vida se confundem, com o brilho da vida. Depois,
deito essas cores sobre a corola, e vejo-as descerem

para as folhas, como a seiva que corre pelos
veios invisíveis da alma. Posso, então, colher a flor,
e o que tenho na mão é este poema que
me deste.

如何寫一首詩

要談論如何寫出一首詩，
修辭是沒有用的。其實方法很簡單，不需要精益求精，
也不需要任何公式。例如，我摘了一朵花，但它不是
田野之花，也不是花店和市場出售的鮮花。
它只是一朵音節之花，或許花瓣是母音，
根莖是輔音。我把花放入詩節的花瓶中，讓它在此存活。
為了不讓它枯死，可以在水中放一塊夏天，
它是從想像中採集而來，如果趕上雨天，就讓雨從
窗戶飄入，讓新鮮的空氣溢滿藍色的房間。就這樣
花與詩難以分辨，但這還不是詩。
為了一首詩的誕生，花需要找到
比自然界更繽紛的自然色彩。它可能是你面孔的顏色
——當太陽照耀，你的臉龐如此白皙——，
也可能是你眼睛深處的顏色，
那裏所有生命的顏色都與生活的光芒混為一體了。
然後，我把這些顏色傾入花冠，看著它們傳遍葉子，
　　就像樹汁，
流過了靈魂隱匿的脈管。我可以採摘這朵花了，
它就是我手裏的這首詩，是你送給我的。

How to Write a Poem

In order to talk about how to give birth to a poem,
rhetoric is of no use. It is a simple method requiring neither niceties nor formulas. For example, we pick a flower, but not one of those flowers that grow in the middle of the field, nor those that are sold in shops and markets. It is a flower of syllables, the petals its vowels, the stem its consonant. Place it in a stanza vase and leave it there. All which is needed for it not to die is a little summer in its water, collected from the imagination, on a rainy day or let in through the window when the fresh morning air fills the room with blue. Thus, the flower becomes confused with the poem, but it is still not the poem. For it to be born, the flower needs to find colours which are more natural than those given to it by nature. It could be the colour of your face – its lightness, when the sun comes to meet you, or the depth of of your eyes where all life's colours are mixed in the radiance of life. Then, I pour these colours into the corolla and watch it descend into the leaves, like the sap that courses through the invisible veins of the soul. I can then pluck the flower and what I hold in my hand is this poem which you have given me.

(Translated by Ana Hudson)

Guia de Conceitos Básicos

Use o poema para elaborar uma estratégia
de sobrevivência no mapa da sua vida. Recorra
aos dispositivos da imagem, sabendo que
ela lhe dará um acesso rápido aos recursos
da sua alma. Evite os atolamentos
da tristeza, e acenda a luz que lhe irá trazer
uma futura manhã quando o seu tempo
se estiver a esgotar. Se precisar de
substituir os sentimentos cansados
da existência, reinstale o desejo
no painel do corpo, e imprima os sentidos
em cada nova palavra. Não precisa
de dominar todos os requisitos do sistema:
limite-se a avançar pelo visor da memória,
procurando a ajuda que lhe permita sair
do bloqueio. Escolha uma superfície
plana e deslize o seu olhar pelo
estuário da estrofe, para que ele empurre
a corrente das emoções até à foz. Verifique
então se todas as opções estão disponíveis: e

descubra a data e a hora em que o sonho
se converte em realidade, para que poema
e vida coincidam.

基本概念手冊

可用一首詩在你的生命地圖上
制定一個生存的策略。
可利用意象來佈局，
你知道它將為你提供快速
使用靈魂資源的捷徑。
要避免陷入悲傷的困境，
打開燈，當時光枯竭之時，
光將給你帶來明日之晨。
如果你需要替代生存的
疲憊感，那麼在身體的儀表板上
重裝慾望，並用新詞
列印你的感覺。你不需要
掌握控制系統的所有規則：
你只要穿過記憶的螢幕，
就會有人幫助走出困境。
選擇一個光滑的表面：
讓你的眼睛滑過
詩節的河口，讓它推動
激情的湍流至入海口。然後
檢查所有選項是否可用；

找出夢想成真的時間與日期，
以便詩歌
與生活合二為一。

A Guide to Basic Concepts

Draw on the poem to create a survival
strategy in the map of your life. Make use
of the image layouts, knowing
it will provide you with quick access to the
resources of your soul. Avoid the predicaments
of sadness, and turn on the light that will bring you
the morning to come, when your time
is running out. If you need to
replace the tired feelings
of your existence, reinstall desire
on the body panel, and print your senses
on every new word. You don't need
to control all the requisites of the system:
just keep going through the screen of your memory,
looking for the help option which allows you to exit
the blockage. Choose a plain
surface: let your eyes slide
over the estuary of the stanza, so that it pushes
the current of emotions down to its delta. Then
check if all options are available; and

find out about the time and date when dream
becomes reality, so that poem
and life converge.

(Translated by Ana Hudson)

A Pressão dos Mercados

Emprestem-me palavras para o poema; ou dêem-me
sílabas a crédito, para que as ponha a render
no mercado. Mas sobem-me a cotação da metáfora,
para que me limite a imagens simples, as mais
baratas, as que ninguém quer: uma flor? Um perfume
do campo? Aquelas ondas que rebentam, umas
atrás da outras, sem pedir juros a quem as vê?

É que as palavras estão caras. Folheio dicionários
em busca de palavras pequenas, as que custem
menos a pagar, para que não exijam reembolsos
se as meter, ao desbarato, no fim do verso. O
problema é que as rimas me irão custar o dobro,
e por muito que corra os mercados o que me
propõem está acima das minhas posses, sem recobro.

E quando me vierem pedir o que tenho de pagar,
a quantos por cento o terei de dar? Abro a carteira,
esvazio os bolsos, vou às contas, e tudo vazio: símbolos,
a zero; alegorias, esgotadas; metáforas, nem uma.

A quem recorrer? que fundo de emergência poética me irá salvar? Então, no fim, resta-me uma sílaba – o ar – ao menos com ela ninguém me impedirá de respirar.

市場壓力

借一些詞語給我的詩歌吧，或者
貸給我一些音節，讓我在市場上
可以大賺一筆。但隱喻的價格上漲了，
逼得我只能使用簡單的意象，沒人要的
便宜貨：是一朵花嗎？是鄉村的芳香嗎？
是綿延不絕的海浪嗎？
怎麼沒人向觀海者索要利息？

詞語價格高昂。我翻閱字典
尋找花費更少的小詞兒，如果
我把它們隨意放在一行詩的結尾，
也無需破費。
問題是，我為韻律要花掉兩倍的錢
哪怕我跑遍所有的市場，他們給出的價格
都高出我的購買力，我買不起。

當他們來要我付賬，
我要付給他們幾成呢？我打開錢包，
翻遍口袋，卻空空如也：
象徵為零，比喻售罄；隱喻呢，一個也不剩。

誰可以幫我？甚麼樣的詩歌基金可以救我？
最後，我只留下一個音節：ar[1]
至少帶上它，誰也無法阻止我呼吸。

1 譯註：Ar，葡萄牙語的意思是「空氣」，為單音節詞。

Market Pressures

Lend me words for the poem; or give me
syllables on credit, so I can invest them
in the market. But the price of metaphor is up,
restricting me to simple images, the cheapest,
those nobody wants: a flower? The smell
of the countryside? Waves that break, one after the other,
without asking for interest from onlookers?

The cost of words is high. I leaf through dictionaries
in search of small words, those costing less
to pay back, so I'm not asked for reimbursement
if I place them, at random, at the end of the line. The
problem is that for rhymes I'll be charged twice as much
and no matter where I look whatever's on offer
I can't afford, when it comes to the crunch.

And when it comes time to pay back,
what then would the rates be? I open my wallet,
turn my pockets inside out, look at the balance, it's all empty:
symbols, zero; allegories, sold out; metaphors, not even one.

Whom shall I ask for help? What fund of poetic emergency
will rescue me? In the end, there's one syllable left – air –
I've got it and no one can prevent me breathing.

(Translated by Ana Hudson)

Hamlet e Ofélia

Não é todos os dias que hamlet apanha
um táxi para elsenor, onde ofélia o espera com os ovos
estrelados à pressa para ele comer. No táxi,
hamlet ouve o taxista perguntar-lhe qual
o destino, e ele indeciso responde-lhe
que é o caminho mais curto para ser. Mas o taxista
não dá com ele, entre ser e não ser, e enquanto
os ovos ficam frios, hamlet pede ao taxista
que fale com polónio, que deve saber se já há uma
auto-estrada para a dinarmarca. A verdade é
que não, só se ele quiser apanhar o ferry-boat
para elsenor, onde ofélia deitou os ovos para
o lixo e espera que ele se contente com um
macdonald's. Mas hamlet já deixou o táxi,
depois de pagar o que tinha a pagar, e atravessa
o jardim sem saber o que fazer, depois de ofélia
lhe ter ligado para o telemóvel a perguntar qual o rio
mais próximo, para fazer o que tem de fazer.

哈姆雷特與奧菲莉亞

不是每一天哈姆雷特
都坐的士去埃爾西諾，在那裏奧菲利亞
為他速煎了幾個荷包蛋，等著他。的士裏，
哈姆雷特聽到的士佬問
去哪兒？他不確定地答道：
走近路。的士佬
不明所以，徘徊於是與不是之間，
而荷包蛋正在變涼，
哈姆雷特要的士佬問一下波洛尼厄斯，他該知道是否
有一條通往丹麥的高速公路。其實根本沒有，
哈姆雷特只得搭渡輪去埃爾西諾。
奧菲利亞把煎荷包蛋
扔進了垃圾箱。心想他可能更愛吃麥當勞。
哈姆雷特付了他該付的車錢，
走出的士，穿過花園，
卻不知道該做甚麼，
此時奧菲利亞致電他的手機，
問他哪條河最近，她要做她該做的事情。

Hamlet and Ophelia

It's not every day that hamlet takes
a cab to Elsinore, where Ophelia, expecting him,
has fried in haste some eggs for him to eat. In the cab,
hamlet hears the driver asking him
his destination and, unsure, he answers
it's to be the shortest way. But the cabdriver
can't find that, between to be and not to be, and as
the eggs are getting colder, hamlet asks the cabdriver
to speak to Polonius who should know if there is a
motorway to Denmark. The truth is that
there isn't, hamlet will have to get on the ferry
to Elsinore, where Ophelia has thrown the eggs
in the bin hoping that he might be happy with
a MacDonald's. But hamlet has already left the taxi,
after having paid what he had to pay, and is walking across
the park not knowing what to do, following Ophelia's
call to his mobile asking which was the nearest
river, so that she can do what she has to do.

(Translated by Ana Hudson)

Variação Sobre Rosas

Como as rosas selvagens, que nascem
em qualquer canto, o amor também pode nascer
de onde menos esperamos. O seu campo
é infinito: alma e corpo. E, para além deles,
o mundo das sensações, onde se entra sem
bater à porta, como se esta porta estivesse sempre
aberta para quem quiser entrar.

Tu, que me ensinas o que é o
amor, colheste essas rosas selvagens: a sua
púrpura brilha no teu rosto. O seu perfume
corre-te pelo peito, derrama-se no estuário
do ventre, sobe até aos cabelos que se soltam
por entre a brisa dos murmúrios. Roubo aos teus
lábios as suas pétalas.

E se essas rosas não murcham, com
o tempo, é porque o amor as alimenta.

玫瑰變奏曲

就像野玫瑰可以生長
在任何角落，愛情也會在
我們意想不到的地方製造奇跡。
愛情的原野一望無際：身體與靈魂。
此外還有感官世界，
無需敲門即可進入，
好像門扉一直敞開，
人人可入。

是你，教我甚麼是愛，
你採摘了野玫瑰：深紅的花
映照著你的臉龐。芬芳
沿著你的胸脯流溢，在你小腹的河口
恣意汪洋，最後飄升至你在微風絮語中鬆散的秀髮間。
我從你的雙唇間，
竊走玫瑰的花瓣。

如果說這些玫瑰抗拒時間，永不枯萎，
只因愛把它們滋養。

Variation on Roses

Like the wild roses that grow in
any corner, love can also come
from where we least expect it. Its field
is infinite: body and soul. And, beyond them,
the world of sensations, that we enter without
knocking, as if the door was always
open for whoever wishes to go in.

You, who teach me what love is,
have gathered those wild roses: their crimson
colour shines on your face. Their scent
flows down your chest, floods the estuary
of your womb, climbs up to your hair loose
in a breeze of murmurs. From your lips,
I steal their petals.

And if those roses do not fade, with
time, it is because they're nourished by love.

(Translated by Ana Hudson)

Declaração

Gosto das mulheres que envelhecem,
com a pressa das suas rugas, os cabelos
caídos pelos ombros negros do vestido,
o olhar que se perde na tristeza
dos reposteiros. Essas mulheres sentam-se
nos cantos das salas, olham para fora,
para o átrio que não vejo, de onde estou,
embora adivinhe aí a presença de
outras mulheres, sentadas em bancos
de madeira, folheando revistas
baratas. As mulheres que envelhecem
sentem que as olho, que admiro os seus gestos
lentos, que amo o trabalho subterrâneo
do tempo nos seus seios. Por isso esperam
que o dia corra nesta sala sem luz,
evitam sair para a rua, e dizem baixo,
por vezes, essa elegia que só os seus lábios
podem cantar.

聲明

我喜歡那些老去的女人
帶著她們很快爬出來的皺紋，
帶著她們垂落在黑衣肩膀上的頭髮，
帶著她們消失於窗幔後的
悲傷眼神。那些女人坐在
大廳的角落裏，望著外面，望著
從我在地方我看不見的庭院，
雖然我猜想還有其他女人
坐在大廳的木凳上，
翻閱著廉價雜誌。老去的女人
知道我在看著她們，我在感歎她們
動作遲緩，我在愛著時間在她們的乳房上
所從事的地下工作。
因此，她們等待著
白日走進這個沒有陽光的房間，
她們避免上街，並時而
低聲訴說只有她們的
嘴唇才可吟唱出的哀歌。

Statement

I love the women who age
with the haste of their wrinkles, their hair
falling down the black shoulders of the dress,
the look that is lost in the sorrow
of repositories. Those women sit
in the corners of rooms, look outside
from an atrium I do not see from where I am,
though I guess the presence of
other women seated at the wooden bench
leafing through cheap magazines. The women who age
feel that the eye that admires their slow
gestures, loves the hidden work
of time in their breasts. For that they hope
the day passes in this dark room,
they would go out to the street and play bass,
sometimes, the elegy that only their lips
could sing.

(Translated by Ana Hudson)

Exercício de Gramática

Tu, que
os ventos percorrem
com os lábios
do horizonte,
e uma nuvem estranha cobre
como o lençol amargo
da madrugada: dá-me
as tuas mãos, agora
que o teu nome se
demora nos ouvidos da terra;
ou corre por esse rio
subterrâneo que desagua
no fundo
dos espelhos, de onde
nenhuma voz te chama.

Tu, o mais
abstracto dos pronomes,
vestida com o fogo surdo
da última vogal, como

se uma sombra de silêncios
dançasse por entre
murmúrios e memórias: não
partas com o nascer do dia,
o sonho vago de um desejo,
ou a luz efémera
com
que te olhei.

Fica na tinta dos meus dedos,
resto de um verso, segredo
sem rosto; ou leva-me contigo,
limpo de reflexos e pronomes,
enquanto um rumor de fonte
me ensina a encontrar-te.

語法練習

風
用地平線的
嘴唇
掠過你，
一片奇怪的雲
如黎明悲傷的圍巾
把你包裹：把你的手給我，
現在你的名字
延宕於大地的聽覺；
或者通過這條地下河
流至鏡子的深處，
那裏沒有任何聲音把你呼喚。

你[1]，人稱代詞中最抽象的
一個，身穿最後一個元音的
火焰衫，如同
一個寂靜的影子
在呢喃與記憶之間舞蹈：

1　譯註：葡文第二人稱代詞「你」為Tu，以最後一個元音u結尾。

不要在天亮前離開，
帶著朦朧慾望之夢
或者帶著我用以凝視你的
須臾之光。

你留在我手指的墨漬中吧，
像一句殘留之詩
像一個沒有臉的秘密；或者帶走我吧，
滌除一切反身詞和代詞，
此時一陣泉水聲
引導我如何找到你。

Grammatical Exercise

You, the one
the winds travel
with the lips
of horizons,
and is covered by a strange cloud
with the bitter sheet
of dawn: give me
your hands, now
that your name lingers
in all the ears of the earth;
or run through that subterraneous
river which flows into
the depths
of mirrors, from where
no voice is calling you.

You, the most
abstract of pronouns,
dressed in the deaf
fire of the last vowel, as

if a shadow of silences
were dancing among
murmurs and memories: don't
leave at sunrise,
a vague wishing dream,
or the ephemeral light
with
which I looked at you.

Stay in the ink of my fingers,
in the remains of a line, faceless
secret; or take me with you,
clean from reflexes and pronouns,
while the rustle of a water fountain
teaches me how to find you.

(Translated by Ana Hudson)

Ensaio Sobre a Inspiração

Não sei o que é a inspiração. Tenho falado dela,
e sei que os gregos a tomaram como ponto de referência quando,
nas suas poéticas, distinguiram entre a obra humana e o desígnio
divino. Mas esses deuses, que cicatrizavam nas feridas abertas pela
inquietação do homem quanto ao destino, foram desaparecendo,
enterrados
sob os escombros das cidades antigas, ou esculpidos no mármore
que serviu de entulho para novas cidades. E a inspiração ficou
reduzida a um alento vago, que nasce da zona obscura do espírito
em que se formam as imagens. Depois, ninguém mais acreditou
na hipótese de um sopro metafísico, como se o poema se fizesse
apenas a partir de palavras ou de ideias, e não houvesse na sua
substância mais profunda uma cintilação que envolve o verso e o
impede de ganhar a ferrugem do tempo.

Sinto, neste instante em que o mistério plausível da criação
se interpõe entre mim e o que escrevo, uma dúvida: a quem pertence
a mão que faz avançar a linha até ao limite em que a cesura se
impõe, e define com a máxima precisão o seu desenho perfeito? Se
o soubesse, porém, talvez não começasse sequer o poema: é que
a interrogação, que faz parte da sua natureza, não entra no instante
em que as palavras se juntam e formam a rede de significados e

imagens que lanço ao oceano da poesia, procurando apanhar o enigma que nada por entre os abismos, alimentando-se da angústia do ser. E é só quando o leio que me interrogo: por que escrevi tudo isto? De onde nascem estas metáforas? Em que rios corre a analogia que me levou ao estuário da estrofe?

Tudo o que leio, no entanto, responde às minhas dúvidas; e poderia sentir-me repousado, no fim, se não tivesse de regressar ao princípio da inspiração. O ar do poema, e a vida que o percorre, não me pertencem; e ao entrar nele, como se fosse meu, sinto-me em terra estranha, pisando caminhos que me levam para fora de mim, até à fronteira em que tenho de passar para um mundo de ruínas e campos devastados, onde executo um trabalho de arqueólogo para descobrir o que me pertence. Se houvesse em tudo isto um pensamento lógico, poderia aproximar-me do filósofo que reduziu a criação a uma técnica, e repartiu a literatura pelos seus géneros maiores e menores. Mas esse discurso pertence mais ao arquitecto do que ao poeta; e a casa que ele descreve é estranha a quem vive entre frases e imagens, sofrendo a cada instante as suas mutações imprevisíveis.

Podia abrir uma janela para a rua, e respirar o ar fresco da
manhã, libertando-me deste sopro interior. Mas as janelas abrem
para outros quartos, e não encontro nenhum jardim no fundo desta
casa,
onde possa encontrar o verde das folhas e o colorido
das flores. Assim, é na página que passeio por entre uma vegetação
de estufa, plantada na terra das palavras; e o ar que respiro é
o que se solta da música que percorre a ideia nascida das imagens
em que reconheço rostos familiares, que se desprendem da
obscuridade
da memória e chegam até mim, precisos e nítidos como se
o seu corpo voltasse a ter uma realidade física. E vejo neles
a última primavera, em que todas as sensações da natureza
se juntam. Lembras-te? O céu de Março, com as suas nuvens brancas
recortadas à tesoura no azul frio; ou a descoberta dos teus olhos
reflectidos na água de uma chuva recente, como espelho,
no caminho de terra que não tem saída.

De madrugada, ouvia o teu canto. Acordava-me. Nascia
do meio da água, como se o lago estivesse no quarto, e os arbustos
do sonho acolhessem os patos adormecidos. A sombra das montanhas
caía sobre as paredes; a neve esvaziava os campos. O passado é este
cubo

que faço rolar sobre a mesa da inspiração, e cai no poema, mostrando
de cada vez, num ângulo diverso, fragmentos do que lembro. Recolho
esses elementos que me são dados pelo acaso, e distribuo-os
numa construção em que só o canto não é fluido, com a sua cuidada
explosão de sons que depois reúno em música. É tudo o que é preciso
saber: o resto, faz parte do movimento efémero da vida, em que
o rio prossegue o seu curso por onde não sabemos, até
onde se há-de encontrar o estuário que nunca ninguém viu.

靈感論

我不知道何謂靈感。不過，我曾說起過它，
還知道，希臘人把它作為參照點，
特別是，當他們要在詩學上區分人的作品與神的作品之時。
然而，在人因命運的騷動而製造的傷口中
結痂的眾神已經消失，埋沒於古城的廢墟之下，
或者被雕刻在用於建築新城的大理石上。而靈感，
已被縮減為一種模糊的氣息，
來自形成意象的精神晦暗的區域。
從此之後，再沒人相信
形而上學之風的假設，仿若一首詩
只能就一個詞語或者意念寫成，
在深刻的本質中並沒有火花閃爍，從而
失去詩句抵抗時間銹蝕之道。

在創作這種值得讚賞的神秘性介入我與我的寫作之間的這一刻，
我產生了疑問：是誰的手把一行詞語
推進新聞審查介入的境地之內，並精準地
為其描畫出完美的圖景？如果我知悉這些，
也許我根本不會寫詩：屬於詩歌本質的質詢
不會進入這一時刻，即詞語聚合成意義與意象之網，

我把它拋向詩歌的海洋，從而撈到謎底，
它在海底的深淵潛遊，
以吞食生存的苦悶為生。只有當我讀至此處，
才會捫心自問：我為甚麼要寫這一切？
這些隱喻從哪裏而來？可以把我帶至詩節迷狂的類比
在哪些江河中漂流？

不過，我所讀到的一切，回應著我的疑惑；
最終，如果它可以回到靈感的初始，
我會心感安慰。詩歌的氣息，以及將之貫穿的生命，
不屬於我；當我進入詩歌，它好像屬於我，
我彷彿置身於異地他鄉，我走在把我帶離自我的路上，
直至進入我要穿越的邊界，抵達廢墟的世界
以及衰敗的村落。在那裏我從事
考古學家的工作，為了發現屬於我的事物。
如果萬物都存有符合邏輯的思想，我將會向哲學家靠攏，
他會把創作濃縮為一門技藝，並把文學
劃分為成人類和兒童類。但這種說法
更像是建築師所為，而不是詩人。
對以句子與意象為家的人來說，建築師

所描述的房子是奇怪的，時刻都會遭遇
不可預知的變化。

我可以打開朝街的窗子，呼吸早晨的清新空氣，
把我從內在之氣中解放出來。但是，視窗對著其他房子，
我沒有在庭院深處找到花園，找到紅花綠葉。
因此，我只能漫步紙頁，穿過溫室裏的植物，
它們種植於詞語的泥土；而我呼吸的空氣
從音樂裏飄逸而出，音樂漫過來自意象的意念，
通過這些意象我認出熟悉的面孔，
它們從我記憶的晦暗之處浮現而出，
走到我的面前，精確而清晰，
彷彿身體重新獲得了真實的存在。
在這些面孔上，我看到最後的春天來臨，
大自然所有的感覺聚合在一起。你還記得嗎？三月的天空
在寒冷的蔚藍中裁剪著白雲；或者發現你的眼睛，
倒映在最後一場雨在路上積留的水鏡之中，
大地之路曲折蜿蜒，沒有出口。

天亮了，我聽著你的歌。它把我喚醒。我從水中
誕生，就像湖水漫過臥室，而夢的灌木
收留了昏睡的鴨子。群山的影子
在牆上傾瀉，白雪空曠了田野。往事是個魔方，
我曾讓它在靈感的桌子上滾動，然後落入詩中，
每一次都以不同的角度揭示著我記憶的碎片。我收拾
這些偶然給予我的元素，分配它們去做
這樣的建構：一首歌不僅是流動的，也是精心構思的
聲音的爆發，我把這些元素集合在音樂之中。必須知道這一切：
其餘的，不過是生活短暫運動的一部分，其中
江河奔向我們未知的地方，直到
湧入一個沒從有人見過的入海口。

An Essay on Inspiration

I do not know what inspiration is. Yet have I spoken of it,
knowing that the Greeks took it as a point of reference when,
in their poetics, they distinguished between human work and divine
will. But these gods, who once healed the wounds opened by
man's disquietude over his destiny, have been disappearing, buried
under the wreckage of ancient cities, sculptured in the marble
that served as rubble for new cities. And inspiration became
reduced to a vague breath, born in the obscure zone of the spirit
where images are formed. Afterwards, nobody else believed
in the the possibility of a metaphysical breath, as if the poem was made
of words or ideas only, and did not have in its
more profound substance a scintillation that surrounds its verses
impeding the rust of time.

I feel, in this instant, when the plausible mystery of creation
interposes between me and that which I write, a doubt: to whom belongs

the hand that advances the line up until the limit of the page
where the caesura is
imposed, and which defines with maximum precision its
perfect design? If
I knew this, however, perhaps I wouldn't have even begun
writing the poem:
the interrogation, which is part of its nature, doesn't manifest
itself in the instant
the words come together and form the network of meanings
and
images that I cast to the ocean of poetry, trying to catch
the enigma that swims amidst the abysses, feeding itself on the
anguish
of being. And it is only when I read it that I ask myself why did I
write
this? Where do these metaphors come from? In what rivers run
the analogy that took me to the ecstasy of the stanza?

All that I read, in effect, responds to my doubts; and
I would feel rested, in the end, if not for having to return to
the beginning of inspiration. The air of the poem, and the life
that runs through it, didn't

pertain to me; and to enter into it, as if it were mine, was to feel myself
in a strange land, treading paths that take me away from myself,
until reaching the border when I have to pass on to a world of ruins
and devastated fields, executing an archeologist's work
to discover what belongs to me. If there was in all this a
logical thought, it would come closer to the stance of the philosopher who reduced
creation to a technique, and divided literature into its major
and minor genres. But this discourse pertains more to the architect
than to the poet: and the house that it describes is a stranger to one who
lives between phrases and images, while suffering at each instant
their unpredictable mutations.

I could open a window to the street, to breath in the fresh air of
the morning, to liberate myself from this interior breath. But neither do the windows open
to other rooms, nor do I encounter a garden at the back of this house,

with green leaves and coloured
flowers. Thus, it is in the page that I stroll amidst greenhouse
vegetation, planted in the earth of words; and the air that I
breath
is the one unleashed by the music that reveals the idea born
from images
in which I recognize familiar faces, which come out in the
obscurity
of memory and arrive, precise and distinct as
if their body would again take on real physicality. And I see in
them
the last spring, in which all the sensations of nature
join together. Do you remember? The sky of March, with its
white clouds
cut with cold blue scissors: or the discovery of your eyes
reflected in the water left by a recent rain, like a mirror,
in the path of earth that has no exit.

At dawn, I listened to your song. It woke me. I was born
in the midst of the water, as if the lake were in the bedroom, and
the shrubs
of dream welcomed the sleeping ducks. The shadow of the
mountains

fell on the walls, the snow emptied in the fields. The past is
this cube
that I roll onto the table of inspiration, and it falls into the
poem, revealing
each time, from a diverse angle, fragments that remember. I
recollect
these elements that are given to me by chance, and
distribute them
in a construction in which only the song is not fluid, with
its careful
explosion of sounds that afterwords I reunite in music. And
it is all that I need
to know: the rest, makes up part of the ephemeral
movement of life, in which
the river continues its course we know not where, until
we encounter the estuary that nobody has ever seen.

(Translated by David Swartz)

Branco

Não queiras saber o que é o branco para
além do branco, a ilusão de que o mar
se prolonga nesse mar que o branco
devora, com os lábios do vento; nem
interrogues o rosto que se esconde
no horizonte do branco, onde só o
silêncio te dá a resposta que ignoras.

No entanto, se o olhar que esse
horizonte te devolve tem a luz do
rosto que só no branco entrevês,
quando o vento empurra as cortinas
do mar, talvez reconheças no seu
fundo o corpo que habita o céu
em que o branco coincide com o mar.

E nos olhos fechados de um rosto
preso à cama da madrugada, o branco
do horizonte submerge o mar que
avança por dentro do branco, como se

a luz do dia que o vento te abre
não fosse branca, como esse branco
lençol que esconde o corpo sob o mar.

E em cada nuvem que passa no branco
do céu, um rosto revela o branco
para além do horizonte que o branco descobre.

白

你一定不想知道白色之外的白色
是甚麼，是幻覺：大海在大海中延伸，
白色用風的嘴唇將其吞噬，
你也不要詢問
被白色的天際線隱匿的面孔，
只有寂靜才會告訴你
你不知道的答案。

然而，當風撩動起大海的面紗，
如果天際線還給你目光
你可以瞥見陽光的面孔，
你在白色中才能辨認的面孔，
也許你將在大海的深處認出身體
它棲居於天空，白色與大海融為一體。

在一張依偎著黎明睡床的臉上，
在閉上眼睛中，白色的
天際線潛入大海
潛入白的深處，就像風為你打開
白晝之光不是白色的，

就像白色的圍巾
在大海下隱藏的身體。

而在每一朵掠過天空之白的雲
都有一張臉，顯示著白色
在天際線以外發現的白色。

Whiteness

Don't interrogate whiteness
beyond whiteness, the illusion of a sea
begun again in the one that the
whiteness devours, with its lips of wind;
nor the face of whiteness hidden
on the horizon, where only silence
answers your lack of consciousness.

Yet, if the gaze that
this horizon returns to you has the brightness of a
face only glimpsed in the whiteness
when the wind lifts the veils
of the sea, then perhaps you will make out
in its depths the body whose dwelling is
this sky where whiteness and the sea coincide.

And in the closed eyes of a face
held back by the bed of dawn, the whiteness
of the horizon submerges the sea that
retreats inside whiteness, as if the

light of day that the wind opens
to you were not white, white as
these sheets that hide the body beneath the sea.

And in each cloud that passes in the whiteness
of the sky, a face reveals the whiteness
beyond the horizon that whiteness uncovers.

(Translated by Karen Press)

Verbo

Ponho palavras em cima da mesa; e deixo
que se sirvam delas, que as partam em fatias, sílaba a
sílaba, para as levarem à boca – onde as palavras se
voltam a colar, para caírem sobre a mesa.

Assim, conversamos uns com os outros. Trocamos
palavras; e roubamos outras palavras, quando não
as temos; e damos palavras, quando sabemos que estão
a mais. Em todas as conversas sobram as palavras.

Mas há as palavras que ficam sobre a mesa, quando
nos vamos embora. Ficam frias, com a noite; se uma janela
se abre, o vento sopra-as para o chão. No dia seguinte,
a mulher a dias há-de varrê-las para o lixo.

Por isso, quando me vou embora, verifico se ficaram
palavras sobre a mesa; e meto-as no bolso, sem ninguém
dar por isso. Depois, guardo-as na gaveta do poema. Algum
dia, estas palavras hão-de servir para alguma coisa.

動詞

我把一些詞放在桌子上；我讓
人們食用它們，把它們切成片，掰成一個個音節
送到嘴裏——它們在嘴裏
重新黏合，再次掉落在桌子上。

這樣，我們一起交談。我們交換
詞語，沒了就去偷別人的；如果我們
的詞太多，就送給別人。
每次談話都有過剩的詞語。

不過，當我們離開，也有一些詞語留在了桌子上。
到了晚上，它們漸漸變冷；如果一扇窗子開著，
一陣風會把它們吹落在地。翌日，
女傭人會把它們掃進垃圾箱。

因此，我離開之前，我檢查桌子上是否還留有
詞語，我把它們裝進口袋，沒有人注意。
然後，我把它們保存在抽屜裏。
早晚有一天，它們會派上用場。

Verb

I put some words on the table; and I leave
people to help themselves, to peel off slivers, syllable
by syllable, bringing them to their mouths—where the
    words
are attached once more, then fall back on the table.

This is how we talk together. Exchanging
words; stealing others, when we don't have the words
we need; offering words, when we see that there are
too many. In every conversation there are too many
    words.

But there are some words that stay on the table, when
we leave. At night they grow cold again; if a window
opens, a breath of wind scatters them on the ground.
    Tomorrow
the maid will sweep their dust into the refuse.

Also, before leaving, I look to see if any words
are left on the table; I slip them into my pocket, without

anyone noticing. Then I pack them away in the drawer of
    the poem.
One day, these words will find their use.

(Translated by Karen Press)

努諾・朱迪斯（葡萄牙），1949年生於葡萄牙南部阿爾加維，本科畢業於里斯本大學羅曼語言系，1989年獲得文學博士學位。1997年至2004年擔任葡萄牙駐巴黎大使館文化參贊，同時兼任巴黎賈梅士學院主任。他還曾在里斯本新大學教授葡萄牙文學和法國文學。作為葡萄牙當代最有代表性的詩人之一，他著述豐富，涉獵廣泛，除了已發表的大量詩歌外，在散文、戲劇、文學研究與詩歌批評方面也成果豐碩，同時他也為報紙撰稿。他還曾擔任法蘭克福第四十九屆書展葡萄牙文學顧問（該屆葡萄牙為主題國）。2009年，他開始擔任高秉根基金會轄下的文學雜誌*Colóquio-Letras*的主編。他多次獲獎，2013年榮獲「伊比利亞—美洲索菲婭皇后詩歌獎」。他的著作已經被翻譯成多種語言，特別是西班牙文、法文、意大利文和阿拉伯文。

Nuno Júdice (Portugal) was born in Algarve, Portugal in 1949. He graduated in Romance Philology from the University of Lisbon and received his doctorate in 1989 with a thesis on Medieval Literature. He served from 1997 to 2004 as the cultural attaché of the Portuguese Embassy in Paris and Director of the Camões Institute also in Paris. He was a teacher of Portuguese and French Literature in the Universidade Nova de Lisboa. He has published studies on theory of literature and Portuguese literature and maintains a regular contributor in the press. He was Commissioner for the area of Portuguese literature representing the 49th Book Fair in Frankfurt, which had Portugal as a country theme. His works are not only about poetry and fiction but also essays, theatre, critical edition and anthology. He is the Director since 2009 of *Colóquio-Letras*, literary magazine of the Calouste Gulbenkian Foundation. In 2013 he received the Poetry Prize Reina Sofia for Ibero-American Poetry. Many of his books are translated in several languages, mainly Spanish, French, Italian and Arabic.

香港國際詩歌之夜 2017
International Poetry Nights in Hong Kong 2017

主辦單位 Organizers
香港中文大學文學院
Faculty of Arts, The Chinese University of Hong Kong
香港詩歌節基金會有限公司
Hong Kong Poetry Festival Foundation Limited

協辦單位 Co-organizers
香港中文大學中國文化研究所
Institute of Chinese Studies, The Chinese University of Hong Kong
香港中文大學出版社
The Chinese University Press
香港大學美術博物館
The University Museum and Art Gallery, The University of Hong Kong
香港大學文學院
Faculty of Arts, The University of Hong Kong
香港科技大學賽馬會高等研究院
Jockey Club Institute for Advanced Study, Hong Kong University of Science and Technology
香港科技大學人文學部
Division of Humanities, Hong Kong University of Science and Technology
廣州時刻文化傳播有限公司
Moment Communications
活字文化
MoveableType Legacy (Beijing) Co., Ltd.
當當
DANGDANG

贊助 Sponsors
中國會 The China Club
北京匡時國際拍賣有限公司 Beijing Council International Auction Co., Ltd.
先鋒公益基金會 UCF Charity Foundation Limited
卓爾書店 the zall bookstore
斑馬谷文化發展有限公司 Zebra Valley Culture Development
馮鑫牟希文夫婦 Feng Xin (Larry) and Mu Xi Wen (Maggie)
蓮華書院 Lianhua Academy